Dorothee Sölle · Phantasie und Gehorsam

Dorothee Sölle

Phantasie und Gehorsam

Überlegungen zu einer künftigen christlichen Ethik

Kreuz-Verlag Stuttgart · Berlin

Meinen Kindern
Martin, Michaela und Caroline,
die selten gehorchen.

8. Auflage (56.–60. Tausend) 1978

Gestaltung: Hans Hug
Gesamtherstellung: Verlagsdruckerei E. Rieder, Schrobenhausen
ISBN 3 7831 0216 2

Inhalt

1 Von Christus lernen

Wir leben in einer Zeit, da der Glaube an Christus am meisten gefährdet wird durch die, die ihn besorgt bewahren wollen. Sie haben Angst vor Veränderungen eingerichteter Denk- und Lebensgewohnheiten, sie halten Reformen für Zerstörungen und würden Christus am liebsten in einem goldenen Schrein verbergen – unantastbar und darum auch niemanden berührend, unwandelbar und darum niemanden verändernd, ewig gültig und darum möglichst weit entfernt von unserer Wirklichkeit. Aber Gott ist nicht Mensch geworden, um, bildlich gesprochen, in seinem Himmel zu bleiben, und die Veränderungen des Glaubens gehören in die Geschichte der Inkarnation Gottes hinein. Inkarnation bedeutet gerade, daß der Glaube eine Geschichte hat, eine unabgeschlossene, unsere Möglichkeiten freisetzende Geschichte mit einem offenen Horizont.

Dieser offene Horizont bezieht sich aber nicht nur auf die Fragen, die früher mit Hilfe der Denkform „Dogma“ oder der Lebensform „Liturgie“ gelöst wurden, er gilt erst recht vor praktischen Fragen christlicher Lebensgestaltung. Auch der Horizont einer möglichen christlichen Ethik ist offen. Wie wird sie künftig aussehen? Welche Haltungen werden ihr vorbildlich sein? Auf welche individuellen und sozialen Tugenden wird es ankommen? Was können wir für unsere Gegenwart und für unsere Zukunft von Christus lernen?

Ich gebrauche hier das Wort „Christus“, weil es für ein solches Lernen, das nicht historisch, sondern praktisch interessiert ist, nicht genügen kann, auf den historischen Jesus zu blicken. Gerade wer aus seinem Leben und aus seinen Worten gelernt hat, dem wird es nicht genügen, dabei zu verharren und die weitergehende Geschichte Jesu zu ignorieren. Seit über zweitausend Jahren steht dieser Jesus von Nazareth auf! Er verwandelt das Bewußtsein der Menschen, die ihm sein Versprechen glauben. Seit ihm und in ihm ist die Hoffnung auf der Welt gewachsen, und es gibt mehr Grund, Mut zu haben. In seinem Namen ist das Gesicht der Erde verändert worden. Sprechen wir von Christus, so nehmen wir das, was Franziskus oder Martin Luther King von Jesus gelernt haben, in unsere Beziehung mit auf; wir übernehmen die Schätze, die Menschen in der Begegnung mit Jesus gesammelt haben. Es ist der verstandene, der konkret entfaltete, der vorangehende, weiterwirkende Christus, von dem wir lernen können. Dieser Weg Christi bis zu uns hin ist nicht umsonst gewesen.

Aber um ihn als den Weg Christi zu erkennen, müssen wir uns auf den Mann aus Nazareth zurückbesinnen, weil in der Geschichte ja ebenso der mißverstandene, der zurechtgestutzte, der den eigenen Interessen dienstbar gemachte Christus begegnet, der sich so leicht manipulieren läßt. Schon wer ihn einfach mit den Worten der Väter weitersagt, manipuliert ihn, weil er mit den Worten der Väter zugleich die Welt der Väter zu bewahren versucht und damit die gegenwärtige Welt von diesem Christus fernhält, ob er will oder nicht. Auferstanden ist immer nur *der* Christus, der Gegenwart wird und der uns in unserer jetzigen Wirklichkeit die Wahrheit über unser Leben sagt. Tot bleibt der, von dem wir nichts lernen, der uns nicht verändert und der unser Gewissen nicht empfindlicher macht.

In keinem Bereich haben die Verhärtungen der Tradition so schwere Folgen gehabt wie im Bereich der Bildung des Gewissens. Unter der Diktatur festlegender Normen und Verhaltensschemata geht die Sensibilität des Gewissens ein wie eine Pflanze ohne Wasser; selbst die bedürfnislosesten Kakteen können eine Behandlung dieserart nicht jahrhundertelang überstehen. Der Punkt, der die Versteinerung ermöglichte und auf den sich in der Gewissensbildung, übrigens beider Konfessionen in schöner praktischer Einmütigkeit, alles bezog, ist der Gehorsam gewesen. Jahrhundertelang ist die Vorstellung vom rechten Christen geprägt gewesen von dieser Tugend, die als höchster Wert empfunden wurde und in der man das soziale und religiöse Muster des christlichen Lebens gesehen hat, dem Gehorsam. Schiller konnte auf eine reiche, ungebrochene Tradition zurückgreifen, als er die klassische Sentenz reimte: „Mut zeiget auch der Mameluck / Gehorsam ist des Christen Schmuck“, Draufgängertum und Unerschrokkenheit galten als allgemeine heldische Tugenden – das spezifisch Christliche lag in der freiwilligen Unterordnung unter Gebotenes, im Erfüllen eines Auftrages, im Gehorchen. Ein theologisches Lexikon erklärt noch in den fünfziger Jahren den Gehorsam zum „Mittelpunkt und Schlüsselgedanken der ganzen christlichen

Botschaft"[1]. Das ist theologisch, in strenger Beziehung auf Gott gemeint, hat aber seine soziologischen und psychologischen Konsequenzen. Was bedeutet es, wenn Gehorsam so in den Mittelpunkt rückt, und welche gesellschaftliche Wirklichkeit entspricht einer solchen Theologie?

[1] RGG, 3. Aufl., 1955 ff., Stichwort „Gehorsam" (F. K. Schumann)

2 Gehorsam – des Christen Schmuck?

In einer Lebensbeschreibung aus unserm Jahrhundert heißt es: „Von meinen Eltern war ich so erzogen, daß ich allen Erwachsenen und besonders Älteren mit Achtung und Ehrerbietung zu begegnen hätte, ganz gleich, aus welchen Kreisen sie kämen. Überall, wo es notwendig ist, behilflich zu sein, wurde mir zur obersten Pflicht gemacht. Ganz besonders wurde ich immer darauf hingewiesen, daß ich Wünsche oder Anordnungen der Eltern, der Lehrer, Pfarrer usw., ja aller Erwachsenen bis zum Dienstpersonal unverzüglich durchzuführen, bzw. zu befolgen hätte und mich durch nichts davon abhalten lassen dürfe. Was diese sagten, sei immer richtig. Diese Erziehungsgrundsätze sind mir in Fleisch und Blut übergegangen." Der Schreiber dieser Zeilen, 1900 geboren, hat eine streng christliche Erziehung genossen, deren wesentliche Gehalte hier angegeben sind; an anderer Stelle betont er, daß er „von Jugend auf zu unbedingtem Gehorsam, zu peinlichster Ordnung und Sauberkeit erzogen" sei[2]. In der RGG von 1927 lesen wir unter dem Stichwort „Gehorsam" im pädagogisch-ethischen Teil den Satz: „Die wenigsten können für sich ein Ganzes bilden; so ist kein besserer Gebrauch ihrer Freiheit zu denken als der Anschluß an ein Ganzes und an Ganze über ihnen." Dieser Zustand sei in den meisten Lebensbereichen nicht mehr erreichbar; nur „auf dem Gebiete der Religion" habe der Gehorsam eine bleibende Bedeutung, die den Verfasser

[2] Kommandant in Auschwitz. Rudolf Höß, Autobiographische Aufzeichnungen. München 1963 (dtv), S. 25 u. 46

(Baumgarten) zu einer Hoffnung verleitet, die sich nur allzubald erfüllt hat: „So wird gewiß wieder die Zeit kommen, wo man auch auf freierer Seite den Gehorsam, das Hinnehmen auf Autorität, das Wirkenlassen, ohne nach Grund zu fragen, darum auch das schlichte Erzählen und Darstellen der heiligen Dinge statt des ewigen Fragens und Antwortens als die Grundlage aller religiösen Erziehung erkennen und üben wird."[3] Das frühgeübte „Horchen auf die befehlende Stimme", die eingelernte „Unterordnung unter Autorität", die „im Tun sich erweisende Unterordnung des eigenen Willens unter den Willen eines anderen"[4] – kurz der Gehorsam als Grundlage der religiösen Erziehung und Schlüsselgedanke der ganzen christlichen Botschaft ist ein gemein-christliches Element, bei dem sich kein nennenswerter Unterschied der Konfessionen feststellen läßt; das biographische Beispiel stammt aus dem deutschen Katholizismus. Sein Verfasser ist Rudolf Höß, der von Mai 1940 bis zum November 1943 das Konzentrationslager Auschwitz leitete.

Was hat eine solche Zitatmontage, die man ja beliebig und in voller Übereinstimmung fortsetzen könnte, in einer theologischen Besinnung auf Gehorsam zu suchen? Mit welchem Recht bringen wir christliche Theologie und Sozialgeschichte in einen Zusammenhang? Welche Art von Verstehen, welche Hermeneutik steht

[3] RGG, 2. Aufl., 1927, Stichwort „Gehorsam" (Baumgarten)

[4] Stuttgarter Biblisches Nachschlagewerk, 1950, Begriffskonkordanz, Stichwort „Gehorsam"

hinter einer solchen Verknüpfung von theologischen Meinungen, sozialgeschichtlichen Realitäten und politischen Konsequenzen? Was hat *der* Gehorsam, von dem zweitrangige Theologen in Wiederholung der ihnen geläufigen Traditionen reden, mit dem Gehorsam zu tun, auf den sich Rudolf Höß, der von seinem Vater zum Priester bestimmt war, oder Adolf Eichmann, den seine Eltern beim CVJM anmeldeten, beriefen? Kann man die christliche Erziehung zum Gehorsam mitverantwortlich machen für das gute Gewissen der Schreibtischmörder? Es geht hier nicht darum, einen verwickelten mehrschichtigen Tatbestand vereinfachend monokausal zu erklären. Die Entscheidung darüber, wie hoch die Wirkungen der christlichen Gehorsamserziehung in Deutschland für die Vorbereitung des Faschismus zu veranschlagen sind, ist eine Sache der Historiker. Für den Theologen genügt schon der wiederholte Hinweis auf den Gehorsam im Munde Eichmanns, Höß' und tausender anderer, um das Wort in der Kehle stecken zu lassen. Es ist nicht möglich, nach diesem Sprachgebrauch weiterhin von Gehorsam in der theologischen Unschuld des Begriffes zu reden. Diese Unschuld ist nicht durch Beteuerungen – daß alles ja ganz anders gemeint sei – oder durch Rückgriffe auf den „echten", den „eigentlichen" Gehorsam oder andere Deutungskünste wiederherzustellen. Und auch der sich nahelegende Versuch, zu unterscheiden zwischen Gehorsam gegen Gott und dem gegen Menschen, scheint da nicht weiterzuhelfen. Kann man Gott

gegenüber eine Haltung verlangen und auf eine Haltung hin erziehen, die man Menschen gegenüber und Institutionen gegenüber kritisiert? Kann man denn in der Wirklichkeit des Lebens genau unterscheiden zwischen dem Gehorsam, den wir Gott schuldig sind, und dem, den wir Menschen mit guten Gründen verweigern können und sollen?
Ich vermute eher, daß wir heute als Christen die Pflicht haben, den Gehorsam überhaupt zu kritisieren, und daß diese Kritik radikal sein muß, weil wir nicht so genau wissen, wer Gott ist und was er jeweils will, als daß wir unsere Beziehung zu ihm mit einem so formalen, vom Funktionieren her gedachten Wort beschreiben könnten. Wir können nicht aus unserer Geschichte herausspringen, wenn wir im Ernst von Gott reden wollen, und in unserer, der christlichen, der deutschen Geschichte dieses Jahrhunderts hat Gehorsam eine katastrophale Rolle gespielt. Wer diesen Hintergrund vergißt oder verdrängt und fröhlich wieder beim Gehorsam anfängt, als komme es nur darauf an, dem richtigen Herrn zu gehorchen, der hat nichts aus dem Unterricht Gottes, der Geschichte heißt, gelernt.

3 Vom Mythos zur Ideologie

(Exkurs über die Methode der Kritik)

Unser Problem ist heute nicht so sehr der Mythos als die christliche Ideologie. Es genügt nicht, die Bibel aufzuschlagen und von ihr Belehrung zu empfangen, und zwar auch dann nicht, wenn dies textkritisch und entmythologisierend geschieht. Wer zum Beispiel nach dem Wesen des Gehorsams fragt, nach dem, was im Neuen Testament ursprünglich gemeint sei, wer die biblische Wahrheit des Gehorsams zu verstehen sucht, der kann doch nicht davon dispensiert werden, wahrzunehmen, wie dieses ursprüngliche Wesen konkret in der Geschichte erschienen ist. Eine existenztheologische Hermeneutik des Wesens macht es sich zu leicht, indem sie unmittelbar zwischen dem ersten und dem zwanzigsten Jahrhundert hin- und herspringt. Ein solcher imponierender Sprung vermag zwar das Herz des einzelnen anzurühren; die gesellschaftliche Wirklichkeit, die von christlicher beziehungsweise kirchlicher Praxis mitgeformt ist, wird so nicht erreicht.

Kann die Theologie es sich leisten, die Sozialgeschichte des Christentums zu ignorieren? Kann Hermeneutik es sich erlauben, vom Wort der Schrift allein auszugehen, dieses von seinen Wirkungen abstrahierte Wort uns zu konfrontieren, ohne es mit seiner Geschichte zu vermitteln? Das dem Anspruch nach bewahrte reformatorische Erbe wird so gerade vergeudet, weil die Schrift, um „Wort Gottes“ zu werden, also erhellendes, wirksames und weltveränderndes Ereignis, nichts so sehr braucht wie die reflektierte, verstandene eigene Situation. Die Hermeneutik des Wesens bleibt so lange ungeschichtlich – trotz und gerade wegen der historisch-kritischen Methode –, wie sie nicht eine Hermeneutik der Folgen (im Sinne Hans Georg Gadamers in „Wahrheit und Methode“) einschließt und die Wirkungsgeschichte theologisch reflektiert. Es genügt nicht, zu fragen, was Gehorsam „eigentlich“ sei; wir müssen wissen, was aus Gehorsam geworden ist, um zu erkennen, was aus ihm werden kann.

Daher mißversteht Entmythologisierung sich selber, wenn sie sich nur auf das Neue Testament bezieht und zu einem abschließbaren Vorgang wird. Sie muß in die Geschichte der Überlieferung eindringen und die Basis der Bedürfnisse, die eine solche Überlieferung nötig hatten, untersuchen. Eine solche Entmythologisierung wird notwendig zur Ideologiekritik führen.

Heute haben wir es in der Selbstreflexion des Glaubens kaum mit dem Mythos – als einer vergleichsweise farbigen und schönen, wiewohl uns unverbindlichen Welt – zu tun, vielmehr macht uns sein Derivat, eine abgestandene, scheinbar rationalisierte Ideologie, zu schaffen. Mythen können sterben, wenn sie den Lebenszusammenhang der Menschen, ihre Bedürfnisse, ihre Sorgen und Ängste, ihre Hoffnungen und Wünsche nicht mehr formulieren. Eine mythische Erzählung von wunderbarer Krankenheilung kann alle die Menschen, die gelernt haben, auf Penicillin zu hoffen, nicht mehr betreffen. Innerhalb des mythischen Weltbildes haben Begriffe wie „Krankheit“ oder „Himmel“ einen völlig anderen Sinn als innerhalb eines kritisch-rationalen

Weltverständnisses. Wird ein gestorbener Mythos aber weitertradiert, so erstarrt er zur Ideologie, zum Überbau, der auf die Praxis des Lebens nicht mehr bezogen ist. Unter Ideologie sei hier ein Bewußtsein verstanden, in dem Theorie und Praxis einer Gruppe von Menschen nichts, was dem Bewußtsein erkennbar wäre, miteinander zu tun haben und sich nicht mehr gegenseitig korrigieren. Der Überbau wird von der Praxis nicht berührt oder verändert; es gibt Theologien, die ideologisch so abgekapselt sind, daß eine Sache wie Auschwitz sie zu keinerlei Veränderung nötigt. Allerdings hat ein solcher Überbau, der sich der Praxis nicht stellt, auch keinerlei Chance, der Praxis ihrerseits etwas anzutun. Die Erstarrung ist komplett.

Auch ein Begriff wie „Gehorsam" hatte im mythischen Denken, dem Gott unmittelbar in Anruf und Befehl, in Naturzeichen oder Schicksalswendungen erschien, einen anderen Sinn als im Horizont neuzeitlicher Selbstbestimmung des Menschen. Was im Mythos seinen Platz und sein Recht hatte, das wird im nachmythischen Zeitalter zum ideologischen Überrest, bestimmt dazu, die Interessen derer zu bemänteln, die die gestorbenen Mythen verwalten und weitergeben. Daß der Glaube Gehorsam sei, ist ein ebenso formaler wie leerer Satz, der nicht „Interpretation", sondern Ideologiekritik braucht.

Es hat keinen Sinn, das Neue Testament zu entmythologisieren und es dann, im gereinigten Zustand, einer in nachchristlichen Ideologien befangenen Gesellschaft zu präsentieren – die Ohnmacht der vielen exegetisch sauberen und theologisch richtigen Predigten hat hier ihren Ursprung –, vielmehr muß die Entmythologisierung, am Neuen Testament entwickelt, als Ideologiekritik ihren praktischen Ort in der gesellschaftlichen Gegenwart selber finden.

Dies kann nach dem heutigen Stand der Verwissenschaftlichung der Welt nicht mehr von einer einzelnen Wissenschaft, sondern nur kooperativ geleistet werden. Es ist daher für eine Hermeneutik des Wesens, aber auch für eine, die sich als Sprachlehre des Glaubens versteht, nichts so katastrophal wie die Abkapselung von anderen Humanwissenschaften, wie wir sie in weiten Bereichen der Existenztheologie finden, genährt vom traditionellen Vorurteil gegen alle nicht-theologischen Wissenschaften, vor allem die modernen, erst in unserem Jahrhundert entstandenen wie Soziologie, Politologie, Psychologie und Psychoanalyse. Die theologische Arroganz gegenüber dem, was „nur" psychologisch oder soziologisch gedacht ist, geht mit einer Ignoranz Hand in Hand, die wissenschaftliches Ethos nur am Vergangenen glaubt entwickeln zu müssen.

In diesem Sinne verfestigt Entmythologisierung, die nicht zur Ideologiekritik wird, den ideologischen Schleier über unserer gesellschaftlichen Wirklichkeit, weil sie als eine partielle Aufklärung den mit ihr Befaßten das elitäre Bewußtsein der Aufgeklärtheit verschafft. Gerade der Gehorsam braucht eine ideologiekritische, nicht nur eine exegetische Bestimmung.

4 Gehorsam zwischen Ich und Du

(Das personalistische Modell)

Aber fragen wir zunächst grundsätzlich: Was ist das überhaupt, Gehorsam? „Strukturell ist Gehorsam ziemlich genau bestimmbar: er signalisiert ein ungleiches Machtverhältnis. Am Anfang steht Furcht vor der Übermacht eines Zwingenden. Die Vorwegnahme der Bedrohung, die man in Wirklichkeit erfahren hat, führt zum Gewohnheitsgehorsam." Alexander Mitscherlich entwickelt sein Modell an der Kindheit des Menschen. „Das Bild, das wir mit dem Wort Gehorsam verknüpfen, stammt aus unserer eigenen Frühzeit, als wir zu gehorchen lernten. Wir sehen eine befehlende oder verbietende Person und eine zweite, die gehorcht."[5] Dieses Modell des Gehorsams sei im folgenden das personalistische Modell genannt, weil es den Gehorsam ausschließlich in einer Du-Ich-Beziehung sieht. Diese Du-Ich-Beziehung kann unterschiedlich ausgelegt werden; Mitscherlich legt sie als Macht und Furcht aus. Diese Charakteristika können aber verhüllt oder sogar abgelöst werden durch andere wie Einsicht und Unmündigkeit, Informationsbesitz und Uninformiertheit. Das Verhältnis zwischen beiden Personen ist in keinem Falle umkehrbar, es kann sich nur durch einen Gewaltakt ändern. Der Befehlende wird innerhalb dieses Modells vorgestellt in den Bildern: Vater, Herrscher, Besitzer, General; der Gehorchende nach den Modellen: Kind, Untertan, Sklave, Soldat.

Alle diese Bilder sind in das religiöse Bewußtsein der

[5] A. Mitscherlich. Auf dem Weg zur vaterlosen Gesellschaft, München 1963, S. 259 f.

Völker eingegangen und haben es geprägt. Sie strahlen Macht aus und vermitteln zugleich das Bewußtsein von Ohnmacht und Furcht. Neben den religiösen sind es vor allem erzieherische, politische und soziale Funktionen, die diese Bilder erfüllen, ja man kann sagen, daß es kaum eine Stelle gibt, wo sich religiöse und gesellschaftliche Denkmodelle und Bilder so unentwirrbar verquickt und verflochten haben wie im Bereich des Gehorsams. Gott und das Establishment, Gott und die Partei, Gott und die Ordnung, Gott und Vaterland fordern den Menschen zum Gehorsam auf, und zwar vermengt, schwer zu durchschauen für den einzelnen. Wie soll er unterscheiden, wer da Gehorsam verlangt: eine mächtige Gruppe, eine überwältigende Persönlichkeit, ein Vater oder schließlich das, wovon man ihm sagt, es sei Gott? Wie soll er die Stimme eines absoluten Herrn herauskennen, da diese Stimme ihn nicht unmittelbar, direkt, unter metaphysischem Donnergetöse anredet, sondern nur indirekt, vermittelt in den Situationen seines Lebens? Soll er auf Visionen oder Auditionen warten — und solange sie ausbleiben, den Herrschenden, die sich als Vertreter Gottes ausgeben, gehorchen? Wie soll er, einmal eingeübt ins Gehorchen, Gott und die anderen Götter neben ihm auseinanderhalten? Welche Maßstäbe braucht er dazu?

Jedenfalls ist Gehorsam allein kein Maßstab, sondern eher eine Art Technik des Verhaltens. Es ist eigenartig, zu beobachten, wie das Nachdenken über Gehorsam im Verlauf der christlichen Reflexion sich konzentriert auf die Ausführung, auf die Technik, auf die Art des Gehorchens, wie also alle Sachgehalte ausgeklammert werden. Nicht was einer im Gehorsam tut, sondern wie schnell, wie pünktlich, wie freudig einer gehorcht, wird entscheidend. Je weniger über die befohlenen oder verbotenen Angelegenheiten reflektiert wird, um so deutlicher steht der personale Bezug zwischen Befehlendem und Gehorchendem im Mittelpunkt.

Das wird sehr klar an der benediktinischen Ordensregel, die in der abendländischen Gehorsamsgeschichte einen hervorragenden Platz einnimmt. Benedikt fand sich einem noch wenig geregelten Mönchtum gegenüber. Asketischen Neigungen folgende Orden hatten die ursprünglich individualistisch lebenden Mönche abgelöst. Benedikt regelte das Zusammenleben und die gemeinsame Arbeit unter dem Gesichtspunkt des Gehorsams. Der Platz und die Bedeutung, die er ihm zuweist, grenzt von den stärker asketisch bestimmten älteren Vorbildern ab. Gehorsam ist für Benedikt wichtiger als asketisches Leben. Dieser Gehorsam wird aber nun nicht – wie in einigen vorbenediktinischen monastischen Traditionen – kasuistisch aufgeschlüsselt, indem etwa das Füttern der Hunde genau geregelt würde (Regula Magistri). Vielmehr legt Benedikt alles Gewicht auf das Verhältnis des Gehorsams zwischen dem Abt und den Mönchen. Die personale Beziehung überwindet die Kasuistik. Ausdrücklich und vielfältig wird erörtert, wie der Gehorsam sein soll: ohne Säumen, ohne Widerrede, ohne Murren, ohne inneren Widerstand, freudig und schnell, die voluntas propria aufgebend.

Dieses neue Verständnis enthält zwei Tendenzen: einmal eine vernunftgemäße Milderung strenger asketischer Vorschriften, zugleich aber eine Verinnerlichung der Askese als Gehorsam. Der Gehorsam wird verstanden als personale Beziehung zu dem Abt, der an der Stelle Christi steht, und zwar in doppelter Weise. Der Mönch gehorcht dem Abt wie dem Christus, der Gehorsam spielt dabei die Rolle eines Erziehungsmittels, er ist ein Weg zur Vollkommenheit. „Ist das Ziel, die Vollkommenheit erreicht, kann der Schüler nach altmonastischer Lehre die klösterliche Elementarschule verlassen und in die Einöde oder Wüste gehen.“ Der zweite Gesichtspunkt, unter dem Gehorsam gesehen wird, ist sehr viel grundlegender, weil Gehorsam nun nicht mehr nur Erziehungsmittel ist, sondern seinen Sinn in sich selber gewinnt. Dabei gehorcht der Mönch dem Abt, wie Christus dem Vater gehorchte. Der Abt ist unter diesem Aspekt nicht so sehr der glaubwürdige Lehrer und der Künder des göttlichen Willens, sondern er vollstreckt „das tägliche Gehorsamsmartyrium als Herrscher an Gottes Stelle, das der Mönch, den gehorsamen Herren nachahmend, an sich vollziehen läßt“.

Mit dieser zweiten Auffassung, in der es sich erübrigt, nach erreichter Vollkommenheit das Kloster zu verlassen, kommt das Gehorsamsmodell zum Vorschein, das ohne ein außerhalb liegendes Ziel im Gehorchen selber seine Erfüllung findet. Vollständig zur Herrschaft kommt dieses Modell erst, wenn jede inhaltliche sachbezogene Überlegung verstummt ist, was bei Benedikt nicht der Fall ist. Er hat sich immerhin die Frage gestellt: „Wenn einem Bruder Unmögliches aufgetragen wird . . .“[6] In dieser Lage hat der Bruder das Recht, wenn er den Befehl zunächst angenommen hat, eine Rückfrage zu stellen. Der verlangte Gehorsam ist also hier nicht bedingungslos gefordert; die Betonung der Bindung zwischen den Brüdern und die Wahl des Abtes (statt der Einsetzung) sind weitere Züge eines nichtschematischen Verständnisses von Gehorsam.

Grundsätzlich aber gilt, daß eine streng personalistische Reflexion nicht nach dem Wozu des Gehorsams fragt; die Welt entgleitet ihr gerade und wird zum Übungsmaterial eines formalen Gehorsams degradiert. Was getan wird, ist uninteressant, wenn erst der Gehorsam sich punktuell verengt hat auf das ihn einem Höheren leistende Ich. Er wird dann zum blinden, nämlich zum weltblinden Gehorsam. Er hört – in strenger, ausschließlicher Beziehung – die Stimme seines Herren, aber er sieht nichts. Er vollzieht den in sich selbst wertvollen Akt des Gehorsams, aber ohne Sinn, der außerhalb läge.

Man hat versucht, die Problematik, die sich hier auftut, mit dem Hinweis zu erledigen, daß der geforderte und geleistete Gehorsam ja freiwilliger Gehorsam sei. Zweifellos bedeutet dieser Freiwilligkeitscharakter eine ge-

[6] Die Benediktusregel, eingeleitet von Basilius Steidle, Beuron 1963, S. 17 u. 68

wisse Erleichterung für die Würde des Subjekts und eine Verschiebung der Machtverhältnisse. Aber das Problem der Weltlosigkeit und der Unsachlichkeit des persongebundenen Gehorsams wird so nur verschärft. Eine Kritik des Gehorsams kann sich nicht damit beruhigen, daß die Leute aus freien Stücken gehorchen, weil Weltblindheit und Verantwortungslosigkeit auch in dieser Variante des Modells erhalten bleiben.

Der sach- und weltblinde Gehorsam, der nur hört, hat sich aller Verantwortung für das Aufgetragene begeben. Nicht das Gelingen bewegt ihn, nur das Gehorchen. Anfang 1967 hat sich ein US-Flieger, der versehentlich eine Schule, in der 27 Kinder waren, mit Napalm bombardiert hat, bei der südvietnamesischen Regierung entschuldigt. Dieser Vorgang hat einige Beobachter zu Kommentaren über den naiven Zynismus dieses jungen Mannes angeregt. Tatsächlich ist es grotesk, wenn ein Gehorchender sich entschuldigt, als hätte er eine Verantwortung! Die Vorstellung, daß es hier leider eine Panne gegeben habe und daß man sich für 27 Kinder entschuldigen müsse, bezeugt in ihrer Naivität gerade die Herrschaft des Modells; die übrigen etwa 30000–40000 Kinder, die in diesem Krieg verbrannt und zerrissen werden, spielen keine Rolle. Ein Überblick über das, was geschieht, fehlt im Gehorsam. Der Gehorchende darf keinen Überblick haben. Die Entschuldigung beweist die Abwesenheit von Schuldgefühl. Gehorsam hat, als geübter, die sozialhygienische Funktion, Schuldgefühle abzuwehren.

Die Formalisierung, die den Inhalt der Forderungen gleichgültig werden läßt, kann sich auch auf der anderen Seite der Beziehung rächen: werden die Inhalte austauschbar, so können auch die Herren wechseln. Die Weltblindheit des formalisierten christlichen Gehorsams schlägt um in das willige Gehorchen um seiner selbst willen, das sich andere Autoritäten zunutze machen können. Hat der Mensch sich erst eingeübt in die Gewohnheit des Gehorchens, so funktioniert das autoritär-unsachliche Modell auch unter der Herrschaft anderer Herren. Ist Gehorsam erst als eigenständiger Wert entdeckt, Aufgabe des eigenen Willens zum Ziel geworden, so kann die ihm unterworfene Seele einen Grad masochistischer Selbstbefriedigung erreichen, dem Ziel wie Befehlender gleichgültig geworden sind.

5 Sachlichkeit und Gehorsam

Aber ist dieser blinde Gehorsam denn der einzig mögliche? Stimmt der Ansatz beim Befehlenden und Gehorchenden, bei Vater und Sohn, bei Herr und Knecht, bei Gott und Mensch überhaupt? Gibt es nicht ein anderes Modell von Gehorsam, das den Menschen nicht nur in der Du-Ich-Beziehung begreift, sondern in der ursprünglichen Doppelbeziehung: Ich-Du *und* Ich-Es? Dann müßte das von der Psychoanalyse übernommene, rein personalistische und darin unsachliche Modell ersetzt werden und Gehorsam strukturell bestimmt werden als eine Beziehung dreier Faktoren: der Befehlende, der Gehorchende und der Inhalt des Befehls, die Sache. Es ist wesentlich, sich diese Doppelbeziehung, in der jeder, der gehorchen soll, steht, klarzumachen: er ist bezogen auf den Sprechenden, den er hört, und auf die Sache, die er tun soll. Die Problematik des Gehorsams liegt – formal bestimmt – gerade darin, daß diese Doppelbeziehung übersehen und zu einer einlinigen gemacht wird. Man kann die Geschichte des Gehorsams unter der Frage untersuchen, ob auf die Sache reflektiert wird, oder ob der von Höß dahingehend formulierte Grundsatz herrscht, daß „immer richtig" ist, was die Erwachsenen sagen. Autoritäres Denken und Versachlichung schließen einander aus.

Eine Reflexion auf den Inhalt des Befehls, auf das Was, scheint mir aber schon im Alten Testament geboten: „Es ist dir gesagt, Mensch, was gut ist und was der Herr von dir fordert" (Micha 6,8). Dieses Gesagte wird hier inhaltlich bestimmt als Recht üben und die Güte lieben. Der Mensch wird also nicht bedingungslos auf Gedeih und Verderb den Forderungen eines Herrschers ausgeliefert, der nach Analogie eines orientalischen Despoten gedacht werden könnte. Gehorsam hängt im Alten Testament mit dem Recht zusammen; er ist keineswegs rein personalistisch auf den Herrscher bezogen, sondern er hat seine Sachgehalte. Der Gehorsam, der hier vom Menschen gefordert wird, ist bezogen auf die Gestaltung der dem Menschen anvertrauten Welt. Das Modell der drei Faktoren kann daher hier ausgelegt werden als Gehorsam, den Gott (Befehlender) vom Menschen (Gehorchender) für die Welt (Inhalt) fordert. Der Endpunkt der von Gott ausgehenden Bewegung des Befehls ist die im Gehorsam gestaltete Welt, die im Recht menschlich verwirklichte Gesellschaft. Nicht die subjektive Freiwilligkeit, sondern die objektive Sachlichkeit verändert, das heißt humanisiert das magisch-personalistische Modell. Jeder rein personal angesetzte Gehorsam verführt, weil das Worum willen, das Telos des gehorsamen Handelns aus dem Blick gerät.

Das Weltverständnis, das in einem personalistischen Gehorsamsmodell steckt, scheint in einer Hinsicht eher von der Antike als vom hebräischen Denken geprägt zu sein. Die aufgetragene Veränderbarkeit der Welt hat im griechischen Denken kaum Platz, die Welt wird hier als das Vorfindliche verstanden, als das, was bewahrt und in Ordnung gehalten werden soll. Die Geschichte verläuft in naturhaften Zyklen. Wird die Welt

dagegen biblisch als in Bewegung auf ein Ziel hin verstanden, so kann der personalistisch verengte Gehorsam nicht dem Willen Gottes mit seiner Welt entsprechen, weil er nur Ordnung bewahren will und darin zukunftsfeindlich ist.
An dieser Stelle wäre allerdings zurückzufragen nach den anthropologischen Voraussetzungen, die im personalistischen Gehorsamsmodell enthalten sind. Warum wird im christlich-personalistischen Gehorsamsverständnis so unsachlich, so autoritär, so einlinig gedacht? Der Mensch wird hier verstanden in seiner Beziehung zum Schöpfer. Er ist der Geschaffene, der dem Du des Schaffenden entsprechen soll. Ent-sprechen ist antwortendes Gehorchen, der Mensch existiert „worthaft", das heißt im Hören und Antworten. Er ist das Wesen, das nicht idealistisch aus der Ur-Freiheit oder, mit Sartre, aus dem Entwurf gedacht wird, sondern das sich im „Urgegenüber"[7], zum Antworten aufgefordert, vorfindet. Gehorsam ist das Verhalten *des* Menschen, der dieser seiner geschöpflichen Situation entspricht; nur im Gehorsam nimmt er sich selber – als Geschöpf, als Antworter – an und läßt an sich den Willen Gottes, des Schöpfers, des Rufers geschehen. Christus gilt als das Urbild dieses geschöpflichen Gehorsams, er bejaht, daß er alles von Gott empfangen hat, er gibt sich dem Urteil Gottes vollständig preis, er liefert sich an Gott aus, und in der Hingabe an die Macht verändert diese ihr

[7] RGG, 3. Aufl., 1955 ff., Stichwort „Gehorsam" (F. K. Schumann)

Gesicht; sie hört auf, Zwang und Herrschaft zu sein, sie erscheint in ihrem eigenen Wesen, das schenkende und ins Leben rufende Gnade ist. Was wie Macht aussah, wird im Gehorsam erlitten und verwandelt in Gnade — in diesen Ausdrücken beschreibt F. Gogarten das Geschick Jesu, seinen Tod und seine Auferstehung[8]. Der Gehorsam ist dabei die reine (das heißt vollständig entsachlichte) Hingabe, der Hörende ist der Gehorchend-Gehörige, der, blind für diese Welt, einzig dem Ruf des unbegreiflichen Schöpfer-Du folgt, der wie Abraham den Sohn zu schlachten bereit ist und wie Kierkegaard die Verlobung mit Regine zerstört. Die Es-Welt, das heißt Bewährung im Werk, Leistung, Veränderung der Welt, ist aus diesem Modell ausgeklammert. Der Mensch empfängt sich selber als das reine Du jenes Gottes, der ihn ganz fordert. Das ewige Du fordert und begrenzt, zerstört und rettet den Menschen. Die Ausschließlichkeit der Gottesbeziehung drängt alle übrigen Beziehungen zurück, und in diesem Sinne ist das personalistische Gehorsamsmodell ein rein religiöses. Gott wird hier verstanden als die fremde andere Macht, die Ohnmacht des Kindes entspricht ihm am meisten. Vielleicht ist die religiöse Beziehung nirgendwo so rein gefaßt wie im Gehorsam dessen, der im Willen eins wird mit dem, der ihn ruft.

Aber ist diese religiös ausgesprochene Anthropologie, die Gehorsam als das Wesen des sich Gott überlassen-

[8] F. Gogarten, Jesus Christus Wende der Welt. Grundfragen zur Christologie. Tübingen 1966, S. 53 ff.

den Menschen versteht, die biblisch-christliche? Verstehen wir das Gottesverhältnis des Menschen richtig als Du-Ich-Beziehung in diesem weltlosen ausschließlichen Sinn? Hat Jesus es so verstanden? Ist es Jesu Meinung gewesen, daß wir gehorchen lernen sollen, wenn er uns in die Situation unseres wirklichen Lebens einwies, wenn er nicht normativ-allgemein festlegte, was Gottes Wille sei, sondern es uns zumutete, diesen Willen Gottes erst jeweils aus einer Situation heraus zu erkennen? Und ist der Gott Abrahams aus Genesis 22, wenn man von der religionswissenschaftlichen „Erklärung“ dieser Geschichte abstrahiert und sie in der absurden Radikalität Kierkegaards nimmt, ist dieser Gott des unbedingten Gehorsams der Gott Christi?

6 Die befreite Spontaneität

(Gehorsam in der Verkündigung Jesu)

Einen anderen Entwurf des Gehorsams vermittelt die Verkündigung Jesu. Dort erscheint der Gehorsam nicht personalistisch am Verhältnis zwischen Gott und Mensch orientiert, sondern an drei Faktoren, die man mit Rudolf Bultmann den „Willen Gottes", die „Entscheidung" und die „Situation" nennen kann[9]. Bultmann hat für sein Verständnis von Gehorsam eine Synthese aus kantischen und personalistischen Elementen hergestellt. Beide werden aneinander korrigiert: die kantische Situationsblindheit wird durch die konkrete Forderung, die personalistische Weltblindheit wird durch Entscheidung, die gerade nicht bloß re-aktiv gedacht werden kann, korrigiert. Die traditionelle Reflexion auf das Wie des Gehorsams, die unmittelbare Beziehung zwischen dem Befehlenden und dem Gehorchenden liegt dabei fern. In der Verkündigung Jesu ist das erste immer die Situation, in der Menschen leben, auf die hin sie angesprochen werden. Erst in der Situation können sie sehen, was Gehorsam jetzt bedeutet: eine Entscheidung, und nicht Ausführung von Befehlen, und zwar nicht wie bei Benedikt etwa die jeweils neue Entscheidung dafür, dem Abt gehorsam zu sein, wie Christus dem Vater gehorchte, sondern Entscheidung, die Gottes Willen erst findet im Tun. Der Mensch muß selber entscheiden, was zu tun ist, er ist nicht Erfüller von aufgetragenen Befehlen. Von der Autonomie des Subjekts wird hier nichts fortgenommen, der Wille

[9] R. Bultmann, Jesus, Tübingen 1951, S. 52 ff.

Gottes repräsentiert nicht heteronome Forderungen, und er ist nicht vorher fixiert.
Der gehorsame Mensch ist nicht Erfüllungsgehilfe, sondern selber legislator, Gesetzgeber (Luther), und zwar immer wieder aufs neue, weil der Wille Gottes nicht ein für allemal klar formuliert vorliegt, beziehungsweise weil das, was Gott ausmacht, in solchen Fixierungen notwendig mißverstanden wird und notwendig ein Vergangenes ist – ein Establishment, ein Vaterland, eine Eigentumsordnung. Die Situation ist es, die den Menschen in nicht vorhersehbarer Weise herausfordert. Nicht Gott – als ein Allgemeines, Überzeitliches – fordert Gehorsam, sondern die Situation fordert meine Antwort, und nur darin fordert Gott mich. Da weder der Wille Gottes fixiert werden kann noch auch die Situation vorhersehbar ist, kann auch die Antwort des Menschen nur Entscheidung im Jetzt sein und sich nicht im Gesetz sichern. Nicht aus dem Gesetz läßt sich der Wille Gottes unmittelbar ablesen. Was Gott will – und vielleicht: wer Gott sei –, kann nur in der Situation entschieden werden, und der Gehorsam unterscheidet sich darin von Leistungen, daß das Leben weiterhin unter dem Gericht der Situationen bleibt.
Man kann sicher nicht sagen, daß es Jesus den Menschen leichter gemacht habe, indem er weniger verlangte von ihnen. Er verlangte anderes, nämlich sehenden Gehorsam, der Gottes Willen erst in der Situation entdeckt, entdeckenden Gehorsam. In dem autoritären

und personalistischen Verständnis des Gehorsams war die Welt darum ausgespart, weil sie mit einer vorgegebenen Ordnung gleichgesetzt wurde. In Jesu Verkündigung ist die Welt versachlicht: sie kann jeweils neu und besser geordnet werden.
Im personalistischen Verständnis des Gehorsams läßt sich der Kreislauf der Reproduktion und der Weitergabe des Gehorsams mit den Stichworten:

bezeichnen. Der ursprünglich vorgegebenen Ordnung der Schöpfung entspricht der Mensch im Gehorsam, in dem er die Verantwortung für die Ordnung der Welt übernimmt. Auf sie gründet er seine Autorität, die zur Herrschaft über die Unmündigen berechtigt. Ihr Mündigwerden besteht darin, daß sie sich in die Ordnung einfügen und sie mitverantworten.
Im versachlichten und darin befreiten Verständnis des Gehorsams, wie Jesus es verkündigt, stellt sich dieser Kreislauf als einer von

dar. Der Grundbegriff der Schöpfung ist ihre den Evolutionen offene Freiheit, die uns freilich konkret – oder nach dem Sündenfall – nur als zerstörte, verdorbene begegnet. Ist der Mensch aber durch die Befreiung in Christus wieder zur Freiheit da, so wird er nicht so sehr nur Verantwortung für die Ordnung der Welt übernehmen als Weltveränderung betreiben. Die Kraft, die er dazu braucht, ist die Spontaneität: er verändert, er erfindet, er setzt in Bewegung. Diese Spontaneität stiftet zu neuer Freiheit an; Menschen, die in diesem Kreislauf aufwachsen, werden nicht dazu erzogen, sich in die Ordnung einzufügen, sondern die Freiheit zu lernen.

Aber in der Geschichte der Kirche beriefen sich auf Gehorsam immer die, für die die Welt eine selbstverständliche, unwandelbare Ordnung hatte, eine Ordnung, die man dann gern „Schöpfung" nannte. Gehorsam war dann immer Ausführung der Befehle, die die Ordnung bewahren sollten. Da diese Ordnung selber nicht befragt wurde, ob sie gut sei und für wen, war es leicht möglich, daß andere Herren mit dem gleichen Recht Gehorsam für eine andere, ebenfalls naturhaft gedachte Ordnung forderten: die des Staates oder die der Herrenrasse oder die des Neokolonialismus. Das Gemeinsame dieser verschiedenen Ordnungen, die Gehorsam verlangen, ist ihre vorgegebene Realität: der gehorsame Mensch bleibt re-aktiv, er erfüllt nur, was vorgegeben ist, er hat seine Spontaneität auf dem Altar des Gehorsams zu opfern.

Gerade zur Spontaneität aber befreit Jesus. Was er fordert, setzt die Ordnung der Welt gerade nicht voraus; sie muß jeweils erst als Zukunft hergestellt werden. In-

dem der Mensch erst finden muß, was Gottes Wille sei, bleibt die Zukunft der Welt offen.
Den Gehorsam „erfüllt“ man, wie die ältere Sprache sehr anschaulich sagt. Darin steckt das Bild von einem vorgegebenen Gefäß oder einer Form, die ausgefüllt werden müssen. So auch im Gehorsam. Es ist da eine vorher bestehende Ordnung vorausgesetzt, die erhalten, bewahrt oder erfüllt werden soll. Aber Jesus hat die Welt nicht nach dem Modell fertiger Ordnung, die die Menschen nur bewahren sollen, gedacht. Die Welt, in die er kam, war unfertig und veränderlich, sie wartete geradezu auf Veränderung. Die Ordnungsschemata werden in Jesu Worten gerade zunichte gemacht: groß und klein, Gelehrter und Kind, Reichtum und Armut, Gesetzeskenntnis und Unwissenheit – Jesus hat alles darangesetzt, diese Ordnungen zu relativieren und die in diesen Schemata gefangenen Menschen zu befreien. Dieser Befreiungsprozeß heißt „Evangelium“. Sollte in ihm Gehorsam immer noch der höchste Schmuck des Christen sein?
Ich vermute, daß wir neue Wörter brauchen, um die in Christus angestiftete Revolutionierung aller Verhältnisse zu beschreiben. Zumindest ist es problematisch, ob das Verständnis dessen, was Jesus gewollt hat, unter dem Ausdruck „Gehorsam“ überhaupt noch möglich ist.
Bei Paulus ist zwischen dem Gehorchen als der religiösen Entscheidung und dem Untertansein als einem sozialen und politischen Verhalten sprachlich unter-

schieden: das Gehorchen, das mit Glauben gleichgesetzt werden kann, hat seine sprachliche Wurzel im „hören" (hypakouein), das andere Wort für Gehorsam, das zum Beispiel für die Unterordnung unter die Obrigkeit gebraucht wird, hängt mit dem Wort „ordnen" zusammen, das aus dem militärischen Bereich stammt und das Sich-Aufstellen in Reih und Glied oder die Schlachtordnung bezeichnet (hypotassesthai). Aber diese Unterscheidung zwischen dem hörenden Gehorsam des Glaubens und der hergestellten Unterordnung ist schon früh verlorengegangen, und für uns bleibt die Frage, ob wir uns der Sprachgewohnheit des Paulus unterwerfen und die neue Haltung, die Jesus gefordert und vollzogen hat, mit dem Titel „Gehorsam des Glaubens" bezeichnen sollen. Der ungeheure Ballast der Tradition sollte uns warnen. Eine wirkliche Übersetzung dieses Begriffes müßte gerade das enthalten, was die Tradition ihm genommen hat: Sachlichkeit und Phantasie. Ist es der Wahrheit Jesu angemessen, in immer neuen Interpretationsversuchen zerstörte Begriffe zu restaurieren?

Vielleicht ist Phantasie ein deutlicheres Grundwort für die Christen in einer sich radikal ändernden Welt. Was Phantasie bedeutet und wie sie das Schema „Gehorsam“ ablösen kann, das sei hier an einer Geschichte dargestellt, die aus den „Kalendergeschichten“ von Bertolt Brecht stammt[10]. Theologisch geredet, handelt diese Geschichte von der „freien Tat des Gehorsams, in der das neue Ich anstelle des alten sich konstituiert“[11] Dieser Ausdruck Bultmanns sei als Motto vorangestellt. Es geht da um eine Frau aus dem Kleinbürgertum, die siebzig Jahre lang das ihr vorgezeichnete Leben lebt: sie bekommt sieben Kinder, fünf davon zieht sie auf; sie versorgt das Haus, sie betreut den Mann und die Gehilfen in seinem kleinen Betrieb; sie spart, wo sie kann, sie kocht allein für ein Dutzend Menschen und ißt die Reste auf; sie leistet sich nichts; ihr Leben ist Pflicht und Arbeit. Als sie zweiundsiebzig Jahre alt ist, stirbt ihr Mann, die Kinder sind aus dem Hause, die Druckerei wird ohne Gewinn verkauft, die alte Frau wird von den Kindern mit einer kleinen monatlichen Summe unterstützt, und sie verbringt die ihr noch verbleibenden zwei Jahre auf eine Weise, die von der Umgebung als „unwürdig“ angesehen wird: sie lebt in ihrem großen Hause allein, ohne die beengt wohnende Verwandtschaft aufzunehmen, sie geht im Gasthof

[10] B. Brecht, Die unwürdige Greisin, in: Kalendergeschichten, ro-ro-ro Bd. 77, 1953, S. 114
[11] R. Bultmann, Theologie des Neuen Testaments, Tübingen 1953, S. 312

essen, sie leistet sich unwahrscheinliche Vergnügungen wie Kinobesuch und Kartenspiel, Rotweintrinken und Ausflüge, sie läßt ihren von auswärts kommenden Sohn nicht bei sich, sondern im Hotel wohnen, sie geht nicht mit ihm zum Grab des Mannes, sie unterstützt nicht ihre Familie, sondern andere Leute, die sie sich nach anderen Gesichtspunkten ausgesucht hat.

Die ersten siebzig Jahre dieser Frau sind von der gehorsamen Opferbereitschaft bestimmt, es ist ein Dasein für andere Menschen, das sich in Arbeit und Leistung erschöpft. Diese Frau lebt für die Familie. Wo Vergnügen winken, da verzichtet sie. Der Altruismus – als das Leben für die anderen – wird von ihr gefordert, und sie bringt ihn, selbstverständlich und klaglos, auf. Sie erfüllt alle Erwartungen, die man an sie stellt. Sie ist selbst-los, das Wort in seinem Doppelsinn gehört – ein Mensch, der antwortet auf bestimmte Fragen anderer, der re-agiert auf bestimmte Aktionen anderer, der aber aus sich heraus wenig Eigenes, wenig Spontaneität entwickelt hat.

Das liegt daran, daß nach ihren eigenen Wünschen und Bedürfnissen in den siebzig Jahren nicht gefragt worden ist; erst in den zwei kurzen Jahren der Unabhängigkeit zeigen sich neue, ganz andere Seiten dieses Menschen, der doch schon so lange darauf fixiert war, sich in einer bestimmten Art zu verhalten. Es ist, als entdecke sie, die Selbst-lose, sich selber in den sonderbaren und von allen geläufigen Klischees abweichenden Vorstellungen eines individuellen Menschen, in seinen Ansichten und Wünschen. Sie findet ein Vergnügen darin, im Sommer früh um drei Uhr in dem leeren Städtchen spazierenzugehen. Und während die Umgebung an ihrer geistigen Gesundheit zu zweifeln beginnt, wird ihr selber deutlich, wie wenig sie in den siebzig Jahren in Familie und Haus aufging und welche anderen Möglichkeiten auch für sie da waren, Möglichkeiten, sich zu freuen, die Welt wahrzunehmen und ihr Leben nach anderen, nämlich den eigenen Gesichtspunkten zu gestalten.

Es ist die Geschichte eines Menschen, der spät, aber nicht zu spät Subjekt, sich selbst bestimmende Person geworden ist. Am Ende dieses Lebens wird die so lange ganz selbstverständlich übernommene Forderung, für andere dazusein und sich nach ihren Bedürfnissen zu richten, als nicht realistisch angesehen und durch das Leben selber aufgehoben. Lange genug ging das Leben dieser Frau in den Rollen auf, die ihr biologisch vorgeschrieben zu sein schienen: sie war Tochter, Frau und Mutter, geschlechtsbedingte Rollen, die eine Gesellschaft zu fixieren in der Lage ist. Nun erst im hohen Alter wird diese verbrauchte und mit den Jahren klein gewordene Frau ein Mensch.

Während einer ihrer Söhne empört von der „unwürdigen Aufführung unserer lieben Mutter“ zu berichten weiß, gewinnt sie in diesen letzten Jahren menschliche Würde, die ohne Selbstbestimmung nicht gedacht werden kann. Ist Opferbereitschaft, Gehorsam und Verzicht das Thema der ersten siebzig Jahre gewesen, so

erscheint nun ein anderes, das man Spontaneität, Subjektivität oder auch Freiheit nennen könnte.
Es legt sich nahe, diese Haltung zu kritisieren. Denn was soll in diesem Modell aus der Familie werden? Ist nicht in jeder Gruppe und ganz besonders in der Familie ein gewisses Maß an Opferbereitschaft und sogar Aufgabe des eigenen Lebens notwendig – und ist es nicht tatsächlich Sache der Frau, die eigenen Ansprüche zurückzustellen, so wie ihr biologisches Schicksal, das Kinderkriegen, die Zurücknahme der eigenen Ansprüche und Wünsche zeitweilig erfordert? Weist nicht die Natur selbst hierin auf eine bestimmte ethische Haltung hin? Und ist diese Haltung der Selbstaufgabe nicht lebensnotwendig, sowohl für die Weitergabe des biologisch verstandenen Lebens wie auch für den Fortbestand der Gesellschaft? Was wird denn aus der Gesellschaft, in der „niemand mehr dienen" will und die doch Opfersinn, Selbstaufgabe und Sorge für andere dringend braucht?
Bertolt Brecht hat auf diese Fragen nicht direkt geantwortet, er hat nur eine Antithese zur These der bürgerlichen Gesellschaft aufgestellt. Die Synthese, die aus den beiden von ihm gezeigten Modellen resultieren müßte, bleibt von ihm ausgespart, weil der Leser solcher Geschichten sie selber finden muß. Hat er den Text nur verstanden, so scheinen ihm beide Arten von Leben unmöglich, eine dritte Lösung muß gefunden werden. Abgeschnitten ist dabei allerdings der Weg, der nur mehr individualethisch fragt und sich für die Pflichten

des Individuums interessiert; angesteuert ist eine Gesellschaft, die sich verändern könnte zugunsten derer, an die bislang fast übermenschliche Forderungen gestellt wurden. Auch diese Objekte der Tugendforderungen – es sind bevorzugt Frauen: Mütter, ledige Töchter, Krankenschwestern, von denen besondere Tugenden verlangt werden – könnten Subjekte werden, die sich selbst bestimmen. Brecht plädiert in dieser Geschichte für die, die durch Tugend ausgebeutet werden, und in der Tat läßt sich eine Gesellschaft denken, die solche Tugenden nicht mehr nötig hat und die solche Verzichtforderungen an niemanden mehr stellt. Von einer solchen veränderten Gesellschaft würden nicht nur die bisher Überforderten profitieren, sondern auch alle die, die mit ihnen zu tun haben.

Es läßt sich eine Gesellschaft vorstellen, die es nicht mehr nötig hat, einigen Subjekten das Subjektsein zu nehmen. Denn solche unmenschliche Forderung zerstört nicht nur den, an den sie gestellt wird; auch die, die ein solches Maß an Selbstaufgabe anderer verlangen oder in ihren Lebensplan einkalkulieren, werden unfrei. Wer einen anderen als Mittel benutzt, der entwürdigt nicht nur diesen, sondern zugleich auch sich. Einen anderen als Sache behandelnd, wird er selber zur Sache, er knechtet sich an das Funktionieren der von ihm manipulierten Sache. Opfer verlangend, zerstört er die eigene Freiheit. Als Funktionär wird er Funktionierter. Andere entfremdend dem, was sie sein wollen und können, entfremdet er sich selber, weil er sich auf Herrschaft, das heißt auf die Verwendung von Menschen als Mittel zu Zwecken, konzentriert. Dabei verliert er alle anderen eigenen Möglichkeiten. Zum Beispiel nimmt er nichts mehr wahr, es sei denn unter Zweckgesichtspunkten; er verlernt das Spielen, weil er sein Leben ständig durch Leistungen befestigen muß. Die Beziehung zwischen Menschen ist so zweiseitig, daß das Gedeihen des einen Teiles auf Kosten des anderen nicht erkauft werden kann. Ein solcher Handel schädigt auf die Dauer beide Partner.

8 . . . zum Reichtum des Selbst

(Bertolt Brecht, Die unwürdige Greisin)

Mit dieser Überlegung gehen wir einen Schritt über die Brecht-Geschichte hinaus, diskutieren aber an ihrem Material weiter. Die Hoffnung auf eine Gesellschaft, die Aufopferung einiger nicht mehr nötig hat, ist nicht nur im Interesse derer gedacht, die sich bislang opfern mußten, sondern auch zum Nutzen derer, für die sie es allzu lange taten. Bei genauerem Hinsehen auf die „unwürdige Greisin", von der Brecht erzählt, und bei Erkenntnis ihrer psychischen Struktur dürfte nämlich deutlich werden, daß das Leben auch für die Menschen, die sie betreute und für die sie sich opferte, kein Spaß gewesen sein kann. Ein eingefahrener Gehorsam, ein scheinbar selbstverständlich gewordener Verzicht auf das eigene Leben, eine heroische Haltung am Wickeltisch oder in der Küche mag ein sittlicher Rekord sein; die, die etwas davon haben sollten, wären mit weniger Verzicht besser bedient. Eine Frau, die siebzig Jahre lang in der Fremdbestimmung zubrachte und gegen ihre Wünsche lebte, stellt, ob sie will oder nicht, eine Realität her, die von Unfreiheit durchsetzt ist. Die Atmosphäre, die um Menschen herum entsteht, die sich – auch unbewußt – opfern, schlägt beklemmend zurück auf die Nutznießer. Denn die heimlichen Wünsche eines Menschen bestimmen seine Wirklichkeit mindestens ebensosehr wie sein bewußter Wille. Unzufriedenheit, unerkannt und verdrängt, breitet sich aus, und die seelische Armut dessen, der ständig gegen sich selbst lebt, steckt an. Gehorsam und Glücklosigkeit hängen zusammen. Das große Haus der würdigen Frau und Mutter war zwar „sehr reinlich", aber es wird nichts davon erzählt, ob da auch gelacht worden ist. Auch erfahren wir nicht, mit welchen psychischen Beschädigungen die Kinder davonkamen und was der Mann wohl von seiner sich opfernden Frau hatte.

In das abstrakte Denken übertragen, heißt dies: Opferbereitschaft ist als habitualisierte Tugend, als eine Lebensleistung, die mit bestimmten Rollen wie Frau und Mutter vorgegeben ist, zerstörend und tödlich. Der dem sich Opfernden zugehörige psychische Masochismus, als das lustvolle Gefühl beim Leiden, wird mit Sadismus bezahlt, weil das Unbewußte des Menschen sich rächen muß für das, was ihm angetan wurde.

Nun kann man freilich kritisch fragen: Was bleibt denn dann noch übrig von der Selbsthingabe, vom Altruismus und der Selbstlosigkeit, für die es doch auch andere große, nicht mißverständliche Beispiele aus der Tradition gibt? Ich glaube, das Entscheidende am Opfernkönnen als einer spezifisch menschlichen Fähigkeit tritt jetzt erst zutage. Opfer können, so unser bisheriges Ergebnis, nur in bestimmten begrenzten Situationen sinnvoll sein. Sinn haben sie nur, wenn sie in Übereinstimmung des Menschen mit sich selber geleistet werden. Alle Opfer und alle Verzichte, die lebenslänglich verlangt werden, produzieren Unmenschlichkeit. Denn sie verewigen einen Kreislauf, aus dem es dann kein Entkommen mehr gibt: da sind unmenschliche Verhältnisse, die ertragen werden durch über-

menschliche Opfer, die aber ihrerseits die unmenschlichen Verhältnisse erneut produzieren.
Selbstlosigkeit ist möglich, wo ein bestimmter Stand des zu sich selbst gekommenen Menschen erreicht ist. Ist die eigene Liebesfähigkeit geweckt, hat einer so viel an Glück erfahren, daß es von ihm ausstrahlen kann, ist seine eigene Identität gegründet, so kann ein solcher Mensch in bestimmten Situationen tatsächlich Opfer bringen. Er kann Geduld üben, er kann Rücksicht nehmen, beispielsweise auf die Krankheiten der Menschen, mit denen er lebt.
Die Fähigkeit des Aufschiebens von Wünschen und des Verzichtes auf dies und jenes gehört zur Menschlichkeit; sie ist nicht der Verzicht auf das eigene Leben, der in Brechts Geschichte geschildert wird, wohl aber der Verzicht auf bestimmte konkrete Erfüllungen. Sie ist nicht masochistische Lust am Gequältwerden, sondern freiwilliger Teilverzicht um anderer Erfüllung willen. Ein Mann, der ein gelähmtes Mädchen heiratet, verzichtet auf Tanz und Sport mit ihr zusammen. Eine Mutter verzichtet auf Ausgehen und Verreisen, solange die Kinder sie brauchen. Wo immer sie aber diesen Verzicht zu einer Gewohnheit macht, glorifiziert und verewigt, da will sie eigentlich, daß die Kinder immer klein bleiben und sie immer brauchen, das heißt, sie fixiert die Kinder als die, die von ihrem Leben zehren, und sich selber als Opfer.
Je stärker aber die wirkliche Identität eines Menschen mit sich selber, oder das, was wir vorhin sein Subjekt-

sein genannt haben, ist, um so leichter sind Teilverzichte möglich. In Grenzsituationen kann dabei mit dem Ausdruck „Teilverzicht“ auch das eigene Leben gemeint sein, auf das um eines anderen willen verzichtet werden kann. Es ist dem Menschen aber nicht möglich, auf die Identität mit sich selber um anderer willen zu verzichten. Man könnte also die These aufstellen: Je mehr Glück, um so mehr Fähigkeit zu wirklicher Preisgabe. Je glücklicher einer ist, um so leichter kann er loslassen.

Wenn sich ein Mensch in diesem Sinne opfert, wenn er also nicht die Identität, die er nicht erreicht hat, wegwirft, so wird er für sich selber nicht das Wort „opfern“ oder gar „gehorchen“ gebrauchen, weil diese Worte nicht vom Ziel der Hingabe her gedacht sind, sondern immer noch von der Leistung. Das wirkliche Opfer, die wahre Geduld, die zarte Rücksicht und alle die kleinen Versuche, in denen Hingabe sich realisiert, verstehen sich selber nicht als Leistung. Daß einer etwas von sich – sein Geld, seinen Raum, seine Zeit und sogar sein Leben – loslassen kann, das wird er selber eher als ein Verschenken bestimmen, ein Wort, das den Empfänger anblickt und die eigenen leeren Hände gar nicht bemerkt. Die Fähigkeit des Verschenkens wächst mit dem Reichtum des Selbst. Von den Widerstandskämpfern des Dritten Reiches wird erzählt, daß sie zärtliche und glückliche Mütter gehabt hätten ...

Auch unsere Geschichte handelt vom Reichtum des Selbst. Die alte Frau befreundet sich in ihrem kurzen zweiten Leben mit einem verwachsenen Mädchen. Sie, die siebzig Jahre lang immer nur reagierte, begründet jetzt selber eine Freundschaft. Sie, die immer das Nützliche tat, geht mit „dem Krüppel", wie das Mädchen von der Familie genannt wird, ins Kino. Sie, die immer gespart hat, kauft dem Krüppel „einen Hut, mit Rosen drauf".

9 Plädoyer für das Glück

Die alte Frau, von der wir hörten, hat in ihren beiden nicht-repressiven, daher moralischen Jahren neue und andere Tugenden entwickelt, die mir für eine sich demokratisierende Gesellschaft wichtiger zu sein scheinen als die älteren Tugenden. Sie hat einen Hut gekauft, „mit Rosen drauf". An solchen Stellen einer Geschichte und in solchen Situationen eines Lebens klingt die Melodie des Glücks auf. Des Glücks? Wollten wir nicht von Ethik, von Tugenden sprechen? Von Gehorsam und Hingabe, Verzicht und Selbstlosigkeit, die zwischen Menschen gebraucht werden?
Dem Glück gegenüber haben wir Vorbehalte, zumal wenn es im Zusammenhang des ethischen Themas auftaucht. Unsere Abwehr ist zwar kaum formuliert, sitzt aber tiefer, als wir gemeinhin ahnen, und verbündet sich mit jener Ideologie von Verzicht und Gehorsam, die die Erfüllung des Menschen nur im Widerstreit zu seinen Wünschen und Bedürfnissen zulassen will. Das Mißtrauen gegen das Glück hat seine klassische Formulierung in der Antike gefunden, in jenem Gedanken des Mythos, daß die Götter neidisch sind und den allzu Glücklichen verderben. Herodot erzählt die Geschichte von dem Beherrscher der Insel Samos, dem alles zum Glück ausschlägt. Seine Feldherrn siegen für ihn, seine Flotte kehrt reich beladen von gefährlicher Fahrt zurück, die Schiffe seiner übermächtigen Feinde werden vom Sturm zerstreut. Ehre, Reichtum und Ruhm sind ihm gewiß. Aber gerade dieses Glück erfüllt seinen Gastfreund, den ägyptischen König, mit

wachsendem Entsetzen. Im sicheren Gefühl, daß dies schiefgehen muß, bittet er den Freund, sich doch freiwillig ein Unglück zuzufügen, weil nur ein beträchtlicher Verlust ihn vor dem drohenden Neid der Götter retten könne. Polykrates, der antike Glückspilz, folgt dem weisen Rat und wirft seinen kostbarsten Ring ins Meer, aber umsonst. Die Glückskette scheint unzerreißbar: ein Fischer eilt mit einem großen Fang herbei, den er dem beliebten Herrscher zum Geschenk macht, im Bauch des geschlachteten Fisches findet sich der Ring wieder, und die Diener, weit entfernt davon, den kostbaren Fund zu unterschlagen, bringen ihn glückwünschend herbei. Dies erfahrend, kündigt der ägyptische Freund die Freundschaft auf, damit er nicht in den nunmehr endgültig gewissen Untergang des Polykrates gezogen werde.

Glück und Furcht, so scheint es nach dieser alten Geschichte, stehen in einem unauflöslichen Zusammenhang. Ein bedenkenlos und furchtlos genossenes Glück zeugt von sträflichem Leichtsinn! Das Glück hängt, dieser antiken Vorstellung gemäß, vom Zufall ab, ja es ist Zufall. Der Mensch begreift sich als undurchschaubaren Schicksalsmächten unterworfen. In einem späteren Bilde wird das Glück als die rollende Kugel der Göttin Fortuna vorgestellt, ihr Lauf ist unberechenbar, und der Weise tut gut, sich dem betrügerischen Glück niemals anzuvertrauen; zwar kann es ihn emportragen und ihm für kurze Zeit Sieg, Ruhm, Geld, Freunde und Liebe einbringen, aber es gibt keine Gewähr für die Beständigkeit solcher Freuden, und die resignierte Folgerung des Beobachters solcher den Zufällen unterworfener Weltläufe ist der Rückzug auf ein kleineres, dafür aber sicheres Maß an Beständigkeit und Zufriedenheit. Der Extremwert Glück dagegen erregt den Neid der Götter.

Was bedeutet dieses mythische Modell? Welche gesellschaftlichen Zusammenhänge sind darin formuliert? Daß das Glück den Neid der anderen auf sich zieht, daß es die weniger Glücklichen provoziert, ja daß es sogar von denen, die es besitzen, häufig als unverdient, als Raub angesehen wird, dieser Gedanke liegt uns so fern nicht, wie die alte Geschichte glauben machen könnte. Glück wird genossen, aber vom Vergleich mit anderen, denen dieses Glück nicht zuteil wurde, läßt sich nicht abstrahieren. In einer Gesellschaft, die in allen wesentlichen Beziehungen von den Gesetzen der Konkurrenz und des Kampfes bestimmt ist, erscheint auch das zufällige Glück des einzelnen immer nur parasitär möglich. Und da wir bei allem, was uns begegnet, zu fragen gewohnt sind, was es koste und wer es bezahle, läßt sich diese Frage auch aus dem privatesten Bereich nicht heraushalten; sie ist die zeitgemäße Formulierung der polykratischen Furcht. Wir empfinden das Glück als gestohlen; je glücklicher, desto diebischer freuen wir uns. Wem ist es denn gestohlen? Einer Arbeits- und Leistungswelt, die in sich selber kaum Glücksmöglichkeiten enthält, vielmehr alles Glück ins Konsumieren gesetzt hat, zugleich aber einer Welt voll

Hunger und Ausbeutung, vor deren Anblick die Glücklichen sich sorgfältig abschirmen müssen.
Auch Polykrates versuchte sich abzuschirmen mit Hilfe eines Opfers. Er gab etwas her, um alles zu behalten. Das Unglück anderer ist jener Ring, den Polykrates nicht mehr bei sich behalten will, dessen Anblick er nicht mehr erträgt, den er fortwirft ins Meer, um aus der sozialen Verflechtung auch seines Glücks entlassen zu sein. Der warnende Freund repräsentiert das Bewußtsein der sozialen Bedingtheit allen Glücks; im Vergleich seiner Lage mit der der anderen erschrickt Polykrates. Aber so einfach läßt sich polykratische Furcht, diese keineswegs ausgestorbene Sache, nicht loswerden. Im Ring aus dem Bauch des Fisches kommt dem Polykrates das Bewußtsein des Unrechts zurück, das sein Glück bedeutet. Der Neid der Götter ist die mythische Formulierung einer gesellschaftlichen Organisation, deren Glücksmöglichkeiten begrenzt und zufallsdiktiert sind.
Wenn nämlich die Welt als unveränderbar angesehen wird und wenn Glück zu den erstaunlichen und unerwarteten Zufallstreffern gehört im Rahmen einer Welt mit sehr eingeengten Glücksmöglichkeiten, dann muß das Streben nach Glück tatsächlich mit Schuldgefühlen belastet werden, weil jedes Glück auf Kosten anderer geht. Die polykratische Furcht vor dem Neide der Götter geht daher auf die Rache der Übervorteilten, die um ihr Leben betrogen werden. Solange das Streben nach Glück nur auf Kosten anderer praktiziert werden

kann und wenn Glück eine Art Privateigentum ist (und die antike philosophische Diskussion um den Eudaimonismus kreist immer wieder um diese Frage der Berechtigung des Glücksstrebens), dann ist polykratische Furcht unvermeidlich. Der so nur privat Glückliche fühlt sich nicht eins mit dem Allgemeinen, er hat kein Recht, sein Glück hat keine Wahrheit. Daher kommt ihm der Ring notwendigerweise zurück – und mit ihm die Gewißheit des Untergangs.

Das wirkliche Glück muß von polykratischer Furcht frei gedacht werden, der in Wahrheit Glückliche braucht nicht zu fürchten, daß die allgemeine Tendenz der Welt ihm feindlich sei. Er weiß sich eins mit dem Allgemeinen; die Erfüllung, die er selber erfährt und zugleich herstellt, genießt und schafft, ist ihm darin selbstverständlich, daß er sie überträgt auch auf andere; das Glück steckt an. So wird er sich jene in der Aufklärung des 18. Jahrhunderts formulierte Frage stellen, wiefern sich der Mensch „Glückseligkeit zu bauen berechtigt oder fähig sei, ja wo irgend der Maßstab zu ihr liege". Wer diese Frage aufgreift, hat schon Partei genommen, die Partei derer, die Glück zu bauen sich vermessen. Das ist nicht selbstverständlich, weil auch im Christentum polykratische Furcht samt der antiken Vorstellung vom Zufall des Glücks nicht überwunden wurde. Glück ist kaum je zu einem theologischen Thema avanciert, es spielt auch im Lebensgefühl christlicher Gruppen traditionellerweise eine untergeordnete Rolle. Im Neuen Testament wird das Wort „Glück" (vielleicht wegen seiner eudaimonistischen parasitären Vorbelastung durch die Popularphilosophie) ausgeschaltet und durch Ausdrücke wie Rettung, Rechtfertigung, Kindschaft, Wiedergeburt, Freiheit ersetzt. Das besagt allerdings nichts über die Sache und sollte niemandem das Recht geben, auch nur den Schatten der eigenen polykratischen Ängste in das dort ausgesprochene Gefühl der Lebenserfüllung und das Bewußtsein der Seligkeit zu projizieren.

Die von Herder[12] gestellte Frage, inwiefern der Mensch Glückseligkeit zu bauen fähig sei, das ihm selbstverständliche „Recht zum Genuß des irdischen Lebens“ für alle Menschen liegt auf einer anderen in der Bibel bezeugten, in der kirchlichen Tradition aber verdrängten Linie des Denkens. Hier ist die Welt nicht unveränderlich angesehen, und die in ihr vorgesehenen Glücksmöglichkeiten können nicht vom Neide der Götter zufallhaft begrenzt werden. Fern liegt einem aufgeklärten Christen wie Herder die polykratische Furcht, rühmend erwähnt er „nach den Berichten der Unparteiischen“ jenes Glück, das nicht im Widerspruch zur allgemeinen Tendenz der Geschichte steht, „jenes offene Wohlwollen, jene zwanglose Gefälligkeit aller glücklichen Völker der Erde, die nicht zur Rache oder Verteidigung gezwungen wurden“. In solchen Erfahrungen mit Völkern, die ihre Kinder nicht zu Rache und Verteidigung erziehen, weil sie ihre Bedürfnisse ausrei-

[12] J. G. Herder, Ideen zur Philosophie der Geschichte der Menschheit, 8. Buch, IV und V

chend und ohne Strafandrohungen stillen, kündigt sich an, wie das Glück jenseits polykratischer Ängste gebaut wird. Daß die Chancen des Glücks sich vermehren lassen, bedeutet, daß das Glück sich nicht dem Zufall verdankt, sondern nun Sache unserer Freiheit wird, Sache unserer Befreiung. Freigewordene Menschen sind Bauleute des Glücks, sie verfügen über alle eigenen Möglichkeiten, Glück nicht zu erfahren, sondern es auch zu produzieren.

Denn im umfassenden Sinne ist Glück niemals nur an dem orientiert, was ein Mensch konsumiert. Daß die lustvolle Spontaneität des Handelns im konventionellen, von der Reklame gesteuerten Verständnis des Glücks kaum eine Rolle spielt, zeigt, wie Glücksfähigkeiten zerstört werden können, während die Glücksangebote und -möglichkeiten sich weiter vermehren, differenzieren und verfeinern.

Einige unserer Kräfte gehen müßig und sterben daher ungenutzt ab. Unser Vermögen, etwas herzustellen, die Fähigkeit, etwas in Bewegung zu setzen, das Glück, einen Anfang zu machen, dessen Fortgang uns nicht allein anvertraut ist und der somit ein Risiko enthält — alle diese Arten von Glück, in denen die kreative Spontaneität des Menschen zu seinem Recht kommt, sind bedroht von jener Auffassung, die das Glück im Erwerben, im Haben und im Verbrauchen sieht. Glück soll einem immer noch zufallen, wenn auch nur durch Kauf; es darf nicht gebaut werden.

Polykrates, bei Schiller, steht auf seines Daches Zinnen

und wartet, was das Glück ihm bringt. Der neue, größere Glückliche konsumiert nicht nur, was ihm zufällt, sondern er produziert eine andere Welt. An seinem geistigen Ursprung wird dies Glück genannt: ein Sohn Gottes sein.

10 Die Phantasie Jesu

Im Interesse des Glücks ist von jener Tugend, die bei Glücklichen gedeiht, zu sprechen: der Phantasie. Suche ich ein Vorbild für jene weithin noch unbekannte Art der Phantasie, so finde ich es in dem Menschen, den ich für den glücklichsten halte: in Jesus von Nazareth.

Von seiner Phantasie zu sprechen, klingt gewagt. Lange Zeit ist gerade er in Anspruch genommen worden für die älteren Formen der Tugend, die Opferbereitschaft, die Selbstverleugnung und den Gehorsam. Aber der Anspruch, den er selber stellte, und die Hingabe, die aus seinem Anspruch erwuchs, waren viel größer. Er ging auf die ganze Seligkeit, nicht nur auf ein Stück. Als Jesus die Tora verschärfte[13], hat er die überkommenen Gebote radikalisiert: nicht erst der Ehebruch, schon der Wunsch nach dem Ehebruch ist Sünde; nicht erst der Mord, schon die Diffamierung und die Hetze, ja schon der Gedanke der Verachtung ist gegen Gottes Willen. Jetzt, da die Zeit für Gottes Reich da ist, jetzt wird mehr erwartet, als die Frommen und die Theologen sich träumen ließen, hier gilt keine Gott zufriedenstellende einzelne Leistung, mit der man sich von dem zu erwartenden Gericht freikaufen könnte. „Was nennt ihr mich Herr, Herr, sagt Jesus, und tut nicht, was ich sage?“ (Luk. 6, 46). Aber die ihn Herr, Herr nannten, waren voller Frömmigkeit, hatten das richtige Bekenntnis und hielten die ihnen vollständig bekannten und richtig ausgelegten Gebote. Jesus hat alle diese Richtig-

[13] H. Braun, Gesammelte Studien zum Neuen Testament und seiner Umwelt. Tübingen 1962, S. 75 ff.

keiten, das formale Bekenntnis und die kultisch-religiös herstellbare Reinheit, zurückgewiesen. Was er verlangte, war niemals mit Korrektheit zu erfüllen. Man hat in der Forschung seinen ungeheuer scharfen Anspruch mit den Ausdrücken „sehender" Gehorsam oder „radikaler" Gehorsam bezeichnet. Aber diese Zusätze scheinen mir den Begriff des Gehorchens beinahe zu sprengen, weil vom „Erfüllen" so wenig übrigbleibt, weil im Sehen und in der Radikalität eine Spontaneität sich ankündigt, die im Gehorsam nicht mehr unterzubringen ist.

Tatsächlich verlangt Jesus ein äußerst waches Bewußtsein und eine äußerste Wahrnehmungsfähigkeit für andere Menschen, ein neues Sehen des anderen, das seine Ängste und seine Hoffnungen erkennt, auch wo sie sich nur undeutlich oder mißverständlich aussprechen, ja auch da, wo sie sich eher verstecken und verschweigen. Gehorsam in dem Sinne, daß da eine bestehende Ordnung erhalten werden soll, genügte Jesus nicht. Er erwartete, daß wir die Welt verändern – und eben dazu befreite er unsere Phantasie.

Phantasie wird häufig mißdeutet, als sei sie eine Anlage, die einer hat, ein anderer nicht, so wie einer musikalisch ist, ein anderer nicht. Aber das ist ein oberflächliches Verständnis von Phantasie, es nimmt sie nur als eine schweifende Einbildungskraft oder als eine Fähigkeit, der Realität träumend zu entkommen. In Wirklichkeit ist Phantasie eine Form der Freiheit, die ein Mensch in seinem Leben gewinnen kann. Sie entsteht, wie jede andere Tugend, als Frucht unserer Auseinandersetzung mit der Welt, sie erwächst aus der Erziehung, die wir erfahren haben und die wir uns selber geben. Ein Mensch kann also im Laufe seines Lebens phantasievoller werden, oder, was der Normalfall ist, er kann immer mehr an Phantasie einbüßen, immer ärmer in seinen Lebensentwürfen werden und immer fixierter an das, was er seine Lebenserfahrung oder seine Menschenkenntnis nennt. Diese wachsende Verarmung des Lebens gibt sich gern den Anschein der Reife und des Realitätsbewußtseins, aber in der Tat ist sie eine Einbuße an Möglichkeitssinn, an grenzensprengender Phantasie. Der Mensch beschränkt sich auf das Vorgefundene, das er bewahrt und ordnet: seine Spontaneität verkümmert. Er hört auf, ein Kind zu sein – so sagt man, ohne den Verlust zu spüren, der sich in dieser Rede ausdrückt, und die Einbuße an geträumter, gespielter, gedichteter und darin möglicher Welt.

Dieses eingeengte Realitätsbewußtsein spielt in den Geschichten, die von Jesus erzählt wurden, eine erstaunliche, wiewohl fatale Rolle. Fischer sind Fischer und gehören an die Netze – wer diese Ordnung stört und unausgebildete Fischer zu Wanderpredigern macht, der ist unrealistisch. Krankheiten, vor allem langwierige, bei denen keine akute Lebensgefahr besteht, können wochentags behandelt werden – wer sich am Sabbat um andere Menschen kümmert, statt der religiösen Ordnung gemäß um Gott und um die feiertägliche Ruhe, der sprengt Grenzen. Wer Ausländer und andersgläubige Leute um sich duldet oder gar bevorzugt, der hat wiederum Grenzen des nationalreligiösen Bewußtseins aufgehoben – zugunsten jener schweifenden Phantasie, die eigentlich nur ein einziges Prinzip anerkennt: die Erfindung und Vermehrung von Glück.

Jesus hat Menschen gesund gemacht, ohne nach dem Dank zu fragen. Er hat Leuten ihre Wünsche erfüllt, ohne nach deren Berechtigung zu fragen. Er hat Phantasie walten lassen, ohne nach Ordnung zu fragen. Er hat die religiösen Verpflichtungen, wie Fasten, Brotbrechen, Danken, ernst genommen und auch fallenlassen. Er hatte eine Unbefangenheit gegen Freunde wie gegen Feinde, als seien die Gruppierungen von Menschen jederzeit aufhebbar.

Er brachte nicht neue Tugenden und Pflichten, sondern Glück für die, mit denen er zu tun hatte, ein Glück, das Tugend neu begründete und möglich machte. Er erfüllte nicht Pflichten, sondern er veränderte die Situationen derer, mit denen er zusammenkam. Seine Phantasie knüpfte an die Situationen an, aber überstieg sie weit.

Vielleicht am deutlichsten wird seine grenzensprengende Phantasie im Rahmen des Berufes, den er ergriff und der selbstverständlich eine traditionelle Berufsethik einschloß. Jesus wurde Rabbi, Lehrer genannt, aber er ließ sich auf die Spielregeln dieses Berufes nicht festlegen. Die entscheidende Spielregel für Schriftgelehrte war die Autorität der Überlieferung. Man gründete die Wahrheit jedes Satzes auf die Schrift; weil es geschrieben stand, weil es den Vätern geholfen hatte, darum war es wahr, darum stammte es von Gott. Kein Schriftgelehrter hätte je gewagt, zu reden wie Jesus, der seine persönliche Autorität über die des Mose stellte. „Ihr habt gehört, daß zu den Alten gesagt ist . . .“, so begann Jesus seine berühmten Antithesen in der Bergpredigt, aber nicht um fortzufahren: „so haltet nun auch das Gesetz und die Propheten und tut, was euch gesagt ist“. Jesus überbot diese alten Sätze, die unter der höchsten Autorität des Mose standen, indem er sagte: „Ich aber sage euch . . .“

11 Ein Mensch sagt „ich“

Jesus war ein Mensch, der es wagte, „ich“ zu sagen ohne Rückendeckung. Nicht weil er ein Amt innehatte oder einflußreiche Freunde oder gute Schriftbelege besaß, redete er so. Sowohl seine Freunde wie seine Feinde haben zeit seines Lebens versucht, ihm eine Rückendeckung zu besorgen, die Phantasie seiner Liebe abzuleiten, und das heißt zugleich: sie überschaubar zu machen. Aber Jesu Freiheit, Jesu „ich aber sage dir“ blieb unableitbar. Seine Freunde baten um Wunder zur Stützung seiner Autorität – gerade sie wies er zurück. Seine Feinde erwarteten ebenso handgreiflich Gottesbeweise, noch am Kreuz schrien sie ihm zu: „Steig doch herunter vom Kreuz, dann wollen wir dir glauben.“ Aber Jesus ist nicht heruntergestiegen und hat nicht in der Wüste aus Steinen Brot gemacht, er ist nicht vom Tempel heruntergesprungen, auch kein Wunderdoktor geworden, auch hat er nicht, wie es die apokryphen Evangelien erzählen, in die Hände geklatscht, und zwölf Sperlinge neben ihm lagen tot da. Das alles wäre ein Rückschritt gewesen, ein Weniger an Freiheit, ein Mehr an Autorität für ihn, ein Weniger an Befreiung für andere. Das alles hätte jenes Realitätsbewußtsein, das sich am Bestehenden orientiert, gestärkt. Das alles hätte Menschen zwar dazu gebracht, Jesus anzuerkennen, aber es hätte die Welt dieser Menschen nicht verändert, sie nur noch einmal reproduziert. Zwar hätten diese Machtbeweise und diese Rückendeckung in dem Gott, der denn doch die stärkeren Bataillone hat, Jesus das Sterben gespart; aber sie hätten auch den Menschen nicht geholfen, sie selber zu werden, frei zu werden – oder in der mythischen Sprache geredet: mit Christus aufzuerstehen.

Wenn Jesus in diesem hervorgehobenen Sinne „ich" sagte ohne Rückendeckung – „ich" vergebe dir deine Sünden, „ich" sage dir, stehe auf, „ich" rufe dich, komm mit –, so verwandelte er damit die Realität der Menschen, mit denen er umging. Wir finden unser Leben jeweils in einem begrenzten Rahmen vor, innerhalb bestimmter Fixierungen. Sensiblere Leute, wie Dichter, sprechen gar von Gefängnissen, in die man uns gesteckt hat, und deuten in solchen Bildern an, daß dieser Zustand des Begrenzt- und Fixiertseins nur scheinbar natürlich ist, daß er in Wirklichkeit bestimmte gesellschaftliche Ursachen hat, die abänderbar sind. Wenn Jesus in dem beschriebenen Sinne „ich" sagte, so hob er damit diese sogenannten natürlichen Grenzen des menschlichen Lebens auf. Seine Phantasie nahm Grenzen nicht an. Die Grenzen der Nationen, der sozialen Klassen, der Bildung, der geschlechtsbedingten Differenzen, der Religionen hat er in der Kraft seiner weltverändernden Phantasie beseitigt, ja, was immer das heißen möge in der mythischen Sprache, er hat die Grenze, die uns am meisten ins Gefängnis zurückjagt, die von Tod und Leben, überwunden.

Mit welcher Kraft war das möglich, wie ist das vorstellbar? Was befähigt einen Menschen dazu, in diesem Sinne „ich" zu sagen, in diesem Sinne „Gott" für andere zu spielen, in diesem Sinne frei zu sein von Angst vor dem Sterben und Sorge um das Weiterleben, frei von Hemmungen und Vorsichten, frei von Ansprüchen für sich selber und der Sucht, anerkannt zu werden, frei, vollständig frei für andere Menschen – woher nimmt einer diese Freiheit?

Ich halte Jesus von Nazareth für den glücklichsten Menschen, der je gelebt hat. Ich denke, daß die Kraft seiner Phantasie aus dem Glück heraus verstanden werden muß. Alle Phantasie ist ins Gelingen verliebt, sie läßt sich etwas einfallen und sprengt immer wieder die Grenzen und befreit die Menschen, die sich unter diesen Grenzen in Opfer und Entsagung, in Repression und Rache ducken und sie so ewig verlängern. Jesus erscheint in der Schilderung der Evangelien als ein Mensch, der seine Umgebung mit Glück ansteckte, der seine Kraft weitergab, der verschenkte, was er hatte. Das konventionelle Bild von Jesus hat immer seinen Gehorsam und seinen Opfersinn in den Vordergrund gestellt. Aber Phantasie, die aus Glück geboren wird, scheint mir eine genauere Beschreibung seines Lebens. Sogar sein Tod wäre mißdeutet als das tragische Scheitern eines Glücklosen, er wäre zu kurz verstanden, wenn nicht die Möglichkeit der Auferstehung in Jesus selber festgehalten würde! Auferstehung als die weitergehende Wahrheit der Sache Jesu ist aber im Tode dieses Menschen gegenwärtig; er hat den Satz „ich bin das Leben" auch im Sterben nicht zurückgenommen.

Denkt man den Tod Jesu allerdings nur vom Gehorsam aus, so wird übersehen, daß Selbstlosigkeit und Opfer-

bereitschaft erst dort entstehen können, wo ein Mensch zu sich selber gekommen und ein bestimmter Stand der eigenen Freiheit erreicht ist. Der Gehorsam hat nur dann Sinn, wenn er in Übereinstimmung des Menschen mit sich selber geleistet wird; alles Opfern, alle Verzichte und alles Leiden, die ohne diese Übereinstimmung geleistet werden, vielleicht weil sie einem abverlangt werden von anderen, sind sinnlos und bewirken nichts: aus ihnen gibt es keine Auferstehung.
Die Selbstlosigkeit, die auf erfahrenem Glück beruht, ist eine andere. Die eigene Liebesfähigkeit ist da schon geweckt, und das Glück, das ein Mensch ausstrahlen kann, läßt Rückschlüsse zu auf das, das er selber erfahren hat. Der so aus dem Reichtum des Selbst lebende Mensch kann auf einen Teil seiner eigenen Wünsche verzichten, er kann sie um anderer willen aufschieben, er kann Wünsche verlagern und übertragen auf andere Gegenstände – er ist im Wünschen beweglich geworden und braucht sich nicht starr auf bestimmte Ziele zu fixieren, wie sich etwa der gehorsame Mensch auf die aufgetragenen Befehle fixieren muß. Das Subjektsein des freigewordenen Menschen ist so stark, daß Teilverzichte möglich werden. Der Ausdruck „Teilverzicht" mag, auf Jesus angewandt, befremdlich klingen, aber ich brauche ihn, um im Bewußtsein zu halten, daß ein Mensch auf die eigene Identität mit sich selber nicht verzichten kann um anderer willen. In diesem Sinne hat auch Jesus nicht auf sein „Ich" verzichtet, man kann eher sagen, daß sein Sterben eine letzte, endgül-

tige Bestätigung seines Ich-Sagens, seines unerhörten Satzes „Ich bin das Leben“ war. In der älteren religiösen Sprache ausgedrückt, würde das bedeuten: man kann wohl sein Leben, nicht aber die ewige Seligkeit um anderer willen hingeben. Selbst wenn man meint, man opfere sie für einen anderen, so gibt man sie doch nur dem Teufel, was sich an den Folgen zeigt, die ein solches beflissenes Gehorsamsverhalten und Aufopfern hat – das Reich der angestrengten Leistung und der Unzufriedenheit breitet sich aus. Auch für Jesus und gegen alle heteronome Begründung seines Entwurfs gilt: Je mehr Glück, um so mehr Fähigkeit zu wirklicher Preisgabe. Von Christus ist zu lernen: Je glücklicher einer ist, um so leichter kann er loslassen. Seine Hände krampfen sich nicht um das ihm zugefallene Stück Leben. Da er die ganze Seligkeit sein nennt, ist er nicht aufs Festhalten erpicht. Seine Hände können sich öffnen.

12 Das Glück Christi

Weil ihm alles gehört, der Himmel, die Seligkeit, das Reich, das er ansagt und darstellt, darum braucht er sich nicht festzuhalten. Das Leben, das er selber ist, ist nicht abgeschlossen und abgetrennt von dem großen Leben, das er Gott nennt. Er fühlt sich von dem großen Leben so durchdrungen und getragen, so sehr angenommen und geliebt, daß „Glück" für ihn nicht etwas ist, das man erst herstellen oder besorgen müßte. Das Glück ist ihm immer schon voraus, es ist die Gewißheit seiner Wahrheit. Es befähigt ihn dazu, „ich" zu sagen, und es hat seine Phantasie für andere befreit. Das Glück hat das Ich von den vorgegebenen Grenzen befreit, es hat die Gefängnisse zerstört, die das Ich einschränkten und seine Energien feststellten. Freigeworden, stürzen sie sich nun in das Abenteuer des neuen Lebens – in die Phantasie, die Befreiung produziert und Glück erfindet für andere. Es besteht ein Sachzusammenhang zwischen dem Glück, dem Ich und seiner Phantasie, ein Zusammenhang, der an Jesu Leben deutlich wird, aber für alle Menschen gilt. Wenn man diesen Zusammenhang mit den älteren theologischen Wörtern beschreibt, so ist es der von Gnade, Rechtfertigung des Sünders und Heiligung der Welt. In der Gnade, die so erscheint, daß einem Menschen sein Leben glückt, konstituiert sich ein anderes Ich, das den eigenen Ängsten entnommen ist, das befreit oder erlöst ist, und eben dieses Ich kann seine Aufgabe nun nicht mehr im Erfüllen bestimmter Vorschriften sehen, eine christliche Ethik nicht mehr auf Gehorsam gründen, weil die Aufgabe nun

Weltveränderung ist, die die Tugend der Phantasie braucht.

In der Geschichte der Philosophie gibt es einen alten Streit zwischen denen, die von Tugenden und Pflichten, und denen, die vom Glück der Menschen ausgehen. Der Streit ist, wie es sich für philosophische Probleme gehört, nie beigelegt worden, erst die Praxis, die in einer sich selbst bestimmenden Gesellschaft möglich werden kann, könnte ihn entscheiden. Zumindest kann man sich eine Gesellschaft vorstellen, in der diese Frage nicht von einigen für die meisten vorweg entschieden wird, sondern in der der einzelne selber darüber bestimmt, wie er Tugend übt. Dann wird sich herausstellen, *wie* problematisch und zerstörerisch es ist, einer vorbestimmten Gruppe von Menschen Gehorsam abzuverlangen, der zuvor durch fixierte Konstellationen nötig gemacht worden ist. Das Schema, in dem da gedacht wird, schreibt den Kindern den Gehorsam, den Jugendlichen die Enthaltsamkeit, den Frauen die Selbstlosigkeit und den Männern den angestrengten Leistungswillen vor. Aber der Mensch muß die Art seiner Tugend aus seiner eigenen Situation selber finden können, und er muß Einfluß auf die Situationen haben, er muß sie mitbestimmen können. Spontaneität, Mitbestimmung, Freiheit sind Bedingung jeder Tugend, die überhaupt das Reich des Tieres, nämlich der Notwendigkeit und der Dressur, verlassen hat.

Die psychische Grundlage der neueren Tugenden ist dann nicht mehr der Gehorsam, der sich an Normen mißt, der die Schwierigkeiten einer Situation auf sich nimmt, die Ordnung erhält und erträgt, was zu ertragen ist, sondern die Phantasie. Sie ist die Mutter der Tugenden von morgen. Jahrhundertelang ist es in der Familie der Tugenden so ähnlich zugegangen wie in den besten Ehen, die das bisherige System der Gesellschaft hervorgebracht hat; damit das Leben erträglich wurde, mußten die Frauen ihre Männer immer wieder überlisten. So hat auch die Phantasie den Vater Gehorsam immer wieder überlistet, um wenigstens für Augenblicke menschliche Verhältnisse herzustellen. Heute, da der Gehorsam mit der Herrschaft der Väter abdankt, kann die Phantasie mit ihren Kindern ein besseres Reich begründen, weil ihre Energien sich nicht mehr mit der Überlistung aufhalten müssen. Freigeworden, stürzen sie sich in das Abenteuer der Tugend von morgen: die Erfindung von neuem, anderem Glück. Phantasie ist ins Gelingen verliebt, sie läßt sich etwas einfallen. Sie sprengt den Zwangsmechanismus von Leuten, die sich opfern, und Leuten, die Opfer annehmen müssen. Sie infiziert ihre Umgebung mit Glück.

Es ist ein ethisches System denkbar, in dem alle Tugenden, die unsere Phantasie nicht brauchen, überflüssig werden. Der Gehorsam wird abgelöst. Ordnung, Pünktlichkeit, Sauberkeit, Sparsamkeit und Fleiß – um nur einige Gehorsamstugenden zu nennen – werden nur noch dort Sinn haben, wo sie im Dienst der Einfühlung in den anderen Menschen stehen. Pünktlichkeit gilt nicht als solche für gut, aber die Phantasie weiß, wie

Unpünktlichkeit in bestimmten Situationen verletzen kann. Unordnung ist kein Unglück, aber sie kann unsere Spannkraft und Wachheit störend aufhalten. Sie kann Zeit fortnehmen, ja sie kann das Strahlende, das ein Mensch haben kann, verdunkeln.

Es ist ein ethisches System denkbar, in dem sich alle Tugenden auf Phantasie gründen. Ich nenne einige dieser neuen Tugenden, die gerade für das nahe Zusammenleben der Menschen im privaten Bereich wichtig werden: die Toleranz und der Humor, der gerechte Zorn und die Einfühlung, die Initiative und die Beharrlichkeit einer produktiven Vorstellungskraft.

Die Phantasie Christi ist Phantasie der Hoffnung, die nichts und niemanden aufgibt und sich von den konkreten Rückschlägen nur zu neuen Erfindungen provozieren läßt. Die Phantasie des Glaubens hält am Bilde einer gerechten Gesellschaft fest und läßt sich das Reich der Gerechtigkeit nicht ausreden. Die Phantasie ist das „know how“, das „gewußt wie“ der Liebe, sie geht nicht schlafen, bevor ihr nicht etwas eingefallen ist, sie ist unerschöpflich im Erfinden besserer Wege. Sie ist produktive Unendlichkeit für andere. Diese Art Transzendenz ist den Christen bald nach Jesus von Nazareth weitgehend abhanden gekommen, eine Jenseitstranszendenz schien ihnen angemessener.

Die kreative Spontaneität des Menschen, der im Glück frei geworden ist, schwand aus dem Bewußtsein, nur in Spuren leuchtet sie in der Geschichte der Kirche auf. Eine reproduzierte zweite Welt sollte für die Beschädigungen in dieser aufkommen. „Gott“ war nicht mehr, wie in Jesu Leben, die Ermöglichung dessen, daß ein Mensch „ich“ sagt, sondern er wurde und wird auch heute zur Herstellung und Stützung jenes Über-Ich benutzt, das über notdürftig unterjochten Trieben das Reich des Gehorsams und der von ihm abgeleiteten sekundären Tugenden wie Ordnung, Sparsamkeit, Pünktlichkeit, Sauberkeit, Fleiß errichtet. Daß „Gott“ für Jesus Befreiung bedeutete, Entfesselung aller Kräfte, die in jedem von uns gefangen liegen und mit denen wir Wunder tun können, die nicht geringer sind als die, die von Jesus erzählt wurden, schien vergessen. Das Gefühl, ein erfülltes Leben zu haben, das Glück Jesu ging verloren. Es war, als wolle man den Menschen mehr und Größeres als das Glück Jesu versprechen – eine erst nach dem Tode sich realisierende Anteilhabe am göttlichen Leben. Mit Hilfe dieses Droben, dieses Später ist das Glück diffamiert worden, und die Veränderung der Erde auf Möglichkeiten des Glücks hin unterblieb. Noch immer befürchten wir heimlich vom Glück, es müsse auf Kosten anderer gehen, verdächtigen es als einen Raub an anderen, weil wir die Erde selber und die in ihr vorgesehenen Möglichkeiten von Glück als konstant, als unbeweglich ansehen. Wird die Welt dagegen als in Bewegung auf ein Ziel hin angesehen, wird Gott als in der Geschichte handelnd erfahren und nicht im Jenseits der Natur ruhend und ewig seiend vorgestellt, so lassen sich auch die Chancen des Glücks vermehren. Phantasie hört dann auf, eine Sache der

Kinder und der Dichter zu sein – wozu sie die christliche Geschichte gemacht hat. Der Mensch wird wieder ermutigt, „ich“ zu sagen, ohne damit anderen etwas wegzunehmen. Im Gegenteil: der Glückliche, der ichsagende Mensch kann für alle, die mit ihm zu tun haben, eine ganz andere befreiende Wirkung haben als derjenige, dessen Beziehung zum anderen aus dem Über-Ich gesteuert wird.

Man kann vielleicht sagen, daß alle großen Heiligen in der Geschichte der Kirche die Phantasie neu angezündet haben; aber ebenso gewiß ist, daß alle großen Kirchen sich auf Gehorsam stützten und ihnen gehorsame Christen lieber waren als solche, die die Phantasie Christi weiter und wiederum realisierten. In dieser Phantasie wird nicht das Bestehende erfüllt, sondern das Unsichtbare entdeckt, erfunden und sichtbar gemacht. Gott hat sich nach christlicher Überlieferung so in unsere Hände gegeben, daß er entdeckbar ist – im Gesicht des Menschen von nebenan, daß man ihn finden kann in den versteinerten Ordnungen, die wir verändern können, daß er als diese produktive Unendlichkeit sichtbar wird in unserer Welt.

Dorothee Sölle im Kreuz Verlag:

Sympathie

Theologisch-politische Traktate
319 Seiten, kt., glanzfolienkaschiert

In diesem Band „Sympathie“ sind zahlreiche theologisch-politische Traktate gesammelt, die Frau Sölle in den letzten zehn Jahren geschrieben hat und die zum Teil noch nicht veröffentlicht wurden. Dazu kommen Beispiele von Predigten und Einblicke in ihre Erfahrungen, die sie während ihres Aufenthaltes in Amerika gemacht hat. Außerdem werden Aufsätze zur Literatur vorgelegt.

Die Hinreise

Zur religiösen Erfahrung – Texte und Überlegungen
190 Seiten, Kunststoffeinband

„Dies ist ein überraschendes Buch, stark dort, wo alte Texte plötzlich wieder zu leben beginnen, bunt, wo die Autorin in die Märchenwelt eintaucht, fast streng, wo sie von meditativer Übung redet, voller Sehnsucht, wo sie die Mystiker sprechen läßt und vor allem kritisch mit der eigenen theologischen Vergangenheit.“
Deutsches Allgemeines Sonntagsblatt

Leiden

Themen der Theologie – Ergänzungsband
4. Auflage (18.–21. Tsd.), 224 Seiten, Pappband

„Das Buch ist das wichtigste, das ich in letzter Zeit gelesen habe. Vorab aus dem Grunde, weil hier eine Deutung Gottes geschieht, die sich bewußt am konkreten Leiden orientiert.“
Junge Kirche

Kreuz Verlag Stuttgart · Berlin